LA FRANCE

DEPUIS

LE MOIS DE JUILLET

1830.

Par M. Maurice ONSLOW.

A CLERMONT-FERRAND,

IMPRIMERIE DE THIBAUD-LANDRIOT,
Libraire, rue St-Genès, n° 8.

1831.

LA FRANCE

DEPUIS

LE MOIS DE JUILLET 1830.

Lorsque le principe du mal s'insinua en France avec la nouvelle philosophie, il creusa bien avant sous le trône de Louis XVI. La tête du héros chrétien tomba ; le gouffre de l'anarchie s'ouvrit aussitôt, vomit Robespierre, Couthon, St-Just, et engloutit des milliers de victimes.

Le crime et ses apologistes forcenés régnèrent sur cette terre de douleur..... La gloire s'enfuit indignée, et, sur les ailes de la victoire, elle fut se fixer dans les phalanges des Larochejacquelin, des Bonchamps, des Charette, sous la bannière sacrée des Condé, sous les drapeaux républicains ; partout elle illustra le nom français ; partout elle fit exécrer le régicide, et désigna la France comme une terre maudite par le Seigneur.

Pure comme l'honneur, son principe, elle était sortie de ce repaire, livrée aux tigres de la Convention, et ses rayons ne l'éclairèrent que lorsqu'un heureux guerrier lui rendit tout l'éclat attaché à ses armes.

Alors finit l'empire du crime. Une nouvelle gloire commença ; tirée de cette source intarissable qui brille au fond du cœur français, amoncelant dans peu d'années les événemens et les catastrophes de plusieurs siècles, elle semblait offrir la prescription d'un immense passé à la couronne de l'usurpateur..... La verge de fer du Seigneur se brisa entre ses mains ; sa mission était accomplie ; les lys ramenèrent l'oriflamme et ses dévoués défenseurs, courbés sous vingt années de triomphes et d'infortunes.

Celui qui fut l'instrument des desseins de Dieu, sorti des rochers de l'île d'Elbe, fondit sur la France ; mais l'Ange exterminateur n'ouvrait plus sa marche. Le héros fit un appel à l'esprit de 93. Le régicide sourit au fond de l'enfer ; la France prit les couleurs de l'anarchie ; Lafayette sortit de sa solitude ; et les armées étrangères confondant les flots de leur sang avec celui de nos guerriers invaincus, les plaines de Waterloo attestèrent aux races futures la volonté immuable de Dieu comme l'héroïsme français.

Ce trône, fort de la volonté du Tout-Puissant, sans cesse entouré de conspirations, les déjoua toutes au milieu du repos et de la sécurité publique. Le poignard de Louvel ne put couper le fil de cette auguste trame. Mais, depuis le meurtre d'un Fils de France, la corruption des principes révolutionnaires se répandit dans toute la France. Arrêtée en Espagne par l'anéantissement des ennemis des rois, elle fit des efforts inutiles dans les rangs de l'armée qui s'embarquait pour conquérir Alger. Dieu couronna cette glorieuse entreprise ; mais la joie d'un succès aussi brillant endormit la prudence, tandis que la haine et la révolte veillaient sous un sombre nuage.

Alors un trône antique s'écroule ; un vaste embrasement s'étend sur toute l'Europe, et les peuples multiplient aussitôt les tortures de cette liberté qui les enchaîne maintenant plus étroitement que jamais, et ne laisse qu'un vain nom à leur servitude.

L'auguste branche des rois, qui donna des bienfaiteurs aux nations civilisées, avait été proscrite par le sang même de Louis XVI, et cette auguste famille est encore écrasée par les principes émanés des forfaits de 92.

La conviction du crime fit haïr l'orpheline du Temple. Ses malheurs firent rougir ceux que son courage effraya ; son arrêt fut prononcé dans l'ombre ; et sept ans de conspiration, où se salit encore Lafayette, mit un bon roi dans l'alternative d'agir en apparence contre la Charte, déjà violée tant de fois, dans son esprit, par les ennemis du trône de saint Louis, ou d'achever sur l'échafaud, une vie empoisonnée par le poignard de Louvel.

L'obéissance passive aux volontés de ceux qui voulaient anéantir les prérogatives royales, faisait tomber la tête de Charles X; l'agonie de Louis XVI commença par une confiance aveugle, qui n'était détruite par aucun *antécédent régicide;* la résistance de Charles X, qui eut les apparences *seules* d'un parjure forcé *, arma les remords, la haine, la mauvaise foi et l'immense populace de Paris.

Un roi qui jure d'être fidèle à un engagement contracté avec ses sujets, doit tenir à ses sermens; s'il y manque, avec tout le pouvoir et la liberté de sa volonté, il délie lui-même ses sujets du serment de fidélité.

Mais des sujets, qui, contre les conditions de l'engagement, refusent au roi ce qui lui appartient de droit, délient de même ce roi de ses sermens.

Or, il appartenait à la prérogative royale de déclarer la guerre, de faire la paix, de choisir ses ministres. Si le roi avait un ministre qui n'était pas au goût d'un parti, il n'était nullement coupable parce qu'il le gardait: le ren-

---

* Une partie distinguée des citoyens se battit franchement pour la liberté, qui leur parut compromise par de fausses apparences.

voyer parce que des sujets le voulaient, eût été une faiblesse qui serait devenue la source de beaucoup d'autres exigences et de beaucoup d'autres faiblesses, ce qui fait tomber en France une tête couronnée. Un ministre bon ou mauvais ne pouvait donc être un prétexte pour aller contre les droits du roi ; et ceux-là seuls furent coupables, qui forcèrent leur souverain à leur résister; ils sont seuls responsables de tous les malheurs de la révolte, et les suites ne peuvent atteindre la conscience du prince qui défendit ses droits et son trône à main justement armée.

Dans la crise des trois journées, toutes les passions furent développées, et le caractère français brilla de son éclat naturel.

D'un côté, une poignée de braves n'ayant pour guide que la fidélité, mouraient là où étaient le devoir et l'honneur; de l'autre, des masses innombrables grossies sans cesse par la force, l'argent, le mensonge, et cet esprit d'inquiétude et de changement qui domine le peuple de Paris, présentaient l'affreux spectacle d'un immense incendie qui attire dans ses tourbillons enflammés, et ceux qui veulent les éviter, et ceux que le vertige et le désespoir y font précipiter.

Le désintéressement se trouvait là où était la fureur et le sang; et des actes de générosité signalèrent l'influence des jeunes Français distingués, qui dirigeaient les masses impures d'une populace indigne de représenter le peuple français.

Comme il arrive toujours, le parti victorieux, par l'immensité du nombre, mit les torts du côté de l'innocence; l'imprévoyance des ministres avait ôté au Roi tout moyen d'avoir raison; car les prodiges de bravoure de la garde devaient assurer un plein succès, si la défense eût été combinée comme l'attaque *.

Ce jour-là, les palmes glorieuses des Suisses du 10 août fleurirent dans les rangs des Suisses du 28 juilllet........; tous périrent fidèles, sans tache, sans haine.

Les partisans des fils d'Henri IV étaient trop convaincus de l'équité de leur cause, pour prévoir l'astuce et la mauvaise foi du parti contraire. L'esprit de cette révolution combinée depuis long-temps dans le *cerveau* républicain de

---

* De nombreuses boutiques d'armuriers furent enfoncées; presque tous les jeunes gens du parti de la révolte avaient des fusils de chasse, et presque tous bons tireurs; beaucoup d'entre eux prenaient commodément leurs précautions pour se mettre à l'abri d'abord, et assassiner leur homme plus sûrement.......... Les ouvriers avaient leur cœur pour plastron, et la bravoure chez eux était aussi franche que l'erreur complète.

Le brave commandant MIREMONT, gentilhomme d'Auvergne, homme de cinq pieds tout au plus, dans deux charges, eut son colbak percé de trois balles. Si sa taille eût été aussi élevée que son cœur, nous aurions à regretter un des Français les plus distingués de notre patrie.

Lafayette, et répandu par lui et ses suppôts dans presque toutes les provinces, ne pouvait trouver d'obstacles chez une poignée de Français fidèles. Cependant, en 1830, les neuf dixièmes de la France reprochèrent aux royalistes ce qu'ils appelaient leur *lâcheté.*

En 1814 et 1815, un dixième de Français n'adressa pas cette plate injure à la soumission de neuf dixièmes de libéraux...... De quel côté se trouvent la bonne foi, la loyauté ; je le demande au parti nombreux, au parti menteur ?

Tant de sang répandu par la mauvasie foi de ceux qui voulaient dépouiller un roi de France de toutes ses prérogatives, devait ne pas sécher de long-temps, sur la base indécise du nouveau gouvernement ; aussi ne fut-elle pas solide dès son origine, et la peur s'arrogea insolemment le titre de clémence ; chaque individu s'arma de cette peur répandue dans le parti à *millions ;* les uns en firent leur profit pour avoir ce qu'ils désiraient, les autres en firent leur sûreté personnelle dans les provinces, vis-à-vis la malveillance et l'esprit d'anarchie.

Les prêtres seulement furent insultés, parce que leurs *glorieux* ennemis savaient fort bien que l'honneur et le devoir des ministres de l'Eglise, consistait à souffrir tout avec résignation, comme le nôtre était d'échanger du sang contre du sang, si on nous avait menacés ; mais leur *clémence* l'a épargné de part et d'autre. *

Comme la force de l'âme vient uniquement de notre religion, qui est le principe réel et raisonné des vertus privées, comme des vertus nationales, n'osant pas encore la mettre sous les autres cultes, le niveau révolutionnaire de 1830 l'abaisse au rang de la Protestante et de la Judaïque, tandis que le culte de Jésus-Christ s'élevait à sa dignité dans le cœur des Français fidèles à leur Dieu, aux *principes* du bien public.

92 et 93 avaient essayé d'abattre la religion catholique en tuant des prêtres. Mais il n'appartenait pas à la nouvelle philosophie, de corriger ce qu'elle appelait abus ; elle livra *ce travail* aux cannibales du 5 septembre ; alors, la hache, l'exil, firent revivre les persécutions de la primitive église, et la main de Dieu, comme celle des hommes, tracèrent au milieu des décombres

* Les *clémens* devenus *souverains*, nous ont fait grâce, pour jouir plus long-temps d'une vie que la révolution leur rendait si douce.

Il est des hommes qui, par principes reçus d'un père et d'une mère, sont pour la vie attachés à des idées politiques entièrement opposées à leur intérêt personnel ; d'autres, contre leur conscience, adoptent celles qui les font prospérer.

Il est donc chez les uns (en très-petit nombre) un intérêt de devoir et d'honneur ; chez les autres un intérêt d'argent et de succès : l'un est intérieur et fort, parce qu'il vient de l'âme ; l'autre est extérieur et léger, parce qu'il vient de la cupidité et du tourbillon des nouvelles idées.

de l'anarchie, une route où les ministres des autels marchent, de nos jours, entourés de tout le pouvoir de la vertu.

Ce pouvoir, grand sur le cœur et la raison, effraya le parti victorieux. Cette croix, quoiqu'ils l'eussent placée sur les ossemens des victimes des trois journées, cette croix était un conducteur puissant des pensées, des espérances et du courage qui s'élevaient jusqu'à Dieu ; ils attaquèrent ce signe consolateur, et des mains sacriléges le renversèrent dans plusieurs villes de France.

Le gouvernement ne protégeait pas la croix[*] ; il ne s'opposait pas non plus à sa défense : dans plusieurs villes, des hommes de cœur en furent les gardiens, et la sauvèrent ; dans plusieurs autres, elle n'eut d'autre défense que les larmes d'un sexe qui reçoit d'elle les leçons qu'il nous donne.

Cependant ceux qui avaient *pensé* la révolution, jouissaient seuls des avantages d'un changement de gouvernement ; et la partie agissante et courageuse qui l'avait faite, le plus grand

---

[*] A Riom en Auvergne, la partie *lâche* [1] de la garde nationale de cette ville protégea son enlèvement.

[1] J'adresse cette épithète à tous ceux de la garde nationale de Riom, qui se couvrirent de boue en protégeant l'enlèvement de la croix de la Mission.

Maurice ONSLOW.

nombre par erreur, et tous par l'élan d'une fougueuse vaillance, étaient privés des récompenses, que l'intérêt personnel sait toujours se ménager.

Les combattans de juillet voyaient donc avec une juste indignation les emplois et les honneurs se refouler chez ceux qui parlaient pour la révolution, et recevaient ses trésors. Sans être ambitieux, ils avaient bien plus de droits aux récompenses que ceux qui percevaient, sans le mériter, le prix de leur véritable dévouement.

La division s'établit, par conséquent, dans ce qui devait former un tout impénétrable, à toute autre pensée que celle de la solidité; et séparant les membres jeunes et vigoureux de la cause libérale, elle ne laissa qu'un vieux tronc faible, battu par la tempête inséparable des idées de libertés du jour, et sans cesse penché sur le bord de l'abîme où l'anarchie menace de l'engloutir.

Et, en effet, peut-il résister long-temps *cet ordre de choses* sans fondement, sans avenir? Ballon lancé du milieu des guenilles * de juillet,

---

* Ces guenilles ont le mérite de couvrir des cœurs pleins de courage. Il y a aussi de la bravoure sous la casaque de nos bons cultivateurs de province; mais il y a parmi eux un esprit d'ordre et de paix nécessaire à leur existence. Ils se battraient peut-être mieux que les Parisiens contre l'ennemi de la patrie; mais ils ne sauraient comment s'y prendre pour construire des barricades contre leur légitime souverain.

il ne peut quitter la sphère de la rue d'où il a été soufflé par les spéculateurs de la liberté.

Les promenades républicaines de Lafayette dans les départemens; l'adresse des 221; l'ignorance, l'erreur, le vertige de cinq cent mille braves de juillet, ont pu séparer pour un temps la branche aînée du trône de saint Louis; mais la raison, l'ordre, l'esprit du bien et du bonheur général, ne détruiront jamais la légitimité entourée de huit siècles : cette prescription est à l'épreuve de la haine, du mensonge, de l'ambition, du sacrilége et des barricades.

Si le trône est vide de son légitime souverain, dans ces temps de calamités, les remords le débordent, et ils *s'élèvent* jusqu'à la boutique de l'ouvrier sans travail et sans pain.

Cette classe intéressante de Français qui enrichit la France de ses sueurs, et qui sait si bien verser son généreux sang, quand il le faut, pour la défendre, cette classe si précieuse pour la première, ne fixe plus avec sécurité maintenant l'avenir d'une génération..... Le lendemain seul l'épouvante..... Peut-être le laboureur couchera-t-il pour la dernière fois sous le chaume de ses pères; peut-être ira-t-il, avec son épouse éplorée et ses enfans en bas âge, tendre la main à qui le repoussera, tandis que la sienne a versé si long-temps avec profusion les trésors de la terre !

Nous sommes sur une mer pleine d'écueils et de débris. Le vaisseau de l'état est battu par des vents contraires*; et déjà un grand peuple détrompé par une funeste expérience et sa propre infortune, jette un regard de douleur et d'espérance sur les côtes d'Ecosse.

Dieu, protége, conserve l'orphelin !!!

* *Il est au calme plat.*

MAURICE ONSLOW.

www.ingramcontent.com/pod-product-compliance
Lightning Source LLC
Chambersburg PA
CBHW061622040426
42450CB00010B/2613